Cuando caiga la noche

Poemas de amor

Óscar René Benítez

CUANDO CAIGA LA NOCHE

Tercera Edición: Julio de 2008

ISBN 978-1-890701-08-6

Portada "Ask Me No More", 1886

Primera Edición -Enero 2004
Segunda Edición -Noviembre 2006

Published in the United States
La Mancha Publishing Group
Post Office Box 7757
Mission Hills, CA 91346
Tel (818) 994-8195

Correo electrónico:
lamanchapublsihing@yahoo.com

Colmados de ternura, belleza y sentimiento son los poemas de Cuando caiga la noche. Óscar René Benítez logra con estos poemas rendirles un verdadero tributo al amor y a la mujer con versos dulces, sensuales y apasionados que se anidan para siempre en el corazón de los que aman.

Oscar René Benítez reside actualmente en Estados Unidos. En 1983 Benítez fue ganador del segundo lugar en el concurso Simón Bolívar y en 1984, se hizo acreedor al primer puesto en el concurso Benito Juárez, ambos concursos de poesía y auspiciados por la Sociedad Literaria Educativa de Los Angeles. Le fue otorgada la medalla de la ciudad de Los Angeles por el Alcalde Tom Bradley. También fue finalista en el concurso internacional de poesía Pablo Neruda, realizado por la Sociedad Iberoamericana de escritores de los Estados Unidos de América.

Entre sus obras figuran: "Sollozos en el Viento", poesía, "Te cantó mi corazón", poesía, "Treinta Poemas de Amor para María", "Versos de Otoño'; las novelas "Inmortales", "Las Huellas de una Lucha sin Final" y "Cuando Concluyó la Guerra".

Cuando caiga la noche

Primera parte: amor

El amor no tiene medida para el tiempo;
germina, florece y madura en una hora feliz.

T. Körner

CUANDO CAIGA LA NOCHE

Cuando caiga la noche
quiero refugiarme en la tibieza
de tus brazos interminables,
liberar en tu pecho mis suspiros
y olvidarme del día que se quedó atrás.

Cuando caiga la noche, mujer, yo quiero
recoger los colores del crepúsculo en tus ojos,
escuchar el trinar de las aves en tu voz
y libar el rocío de la noche en tus labios dulces.

Te daré un te quiero a media voz,
un ramillete de caricias tiernas como vuelos,
un beso que sea interminablemente dulce;
y que abrazado a tu cuerpo, a media luz,
mi corazón, para siempre, se anide en tu pecho.

Tú no tienes que darme nada, mujer,
bastará para mi invierno el calor de tus manos
y para mis sueños tus lindos ojos,
o tus labios susurrándome al oído un te amo
que se adivine en tu aliento cálido de manzana.

Que en la hoguera de este amor que compartimos
haya para siempre lumbre avivada por suspiros,
y que cuando caiga la noche con su manto
vuelen por mi cuerpo tus labios como pétalos.

UNA FIESTA

Eres una fiesta [illegible] pétalos [illegible] dientes,
mujer divina [illegible] en el p[illegible]gar de tus labios
me devuelves [illegible]da y los sueños;
y en el vibr[illegible] de t[illegible] piel, cuando sientes,
[illegible] todas más intensas!

Una Fiesta

Eres una fiesta de pétalos ardientes,
mujer divina que en el plegar de tus labios
me devuelves de golpe la vida y los sueños;
y en el vibrar de tu suave piel, cuando sientes,
galopan las pasiones, ¡todas más intensas!

Yo apenas soy el alfarero que insistente
trata de esculpir la belleza de tu cuerpo,
el marinero que varado en algún puerto
dibuja labios con las sombras y su mente.
No huyas como la arcilla nívea de mis manos.

Dame ya, mujer, la tibia noche de ensueños
y que caigan sobre mi pecho tus suspiros.
Que llene el silencio una fiesta de sollozos,
mordamos frutos en tus labios tan pequeños,
mueve la vida con mis manos y tus muslos.

Y si al amarnos, cual ciegos locos buscamos
la dulce ternura en la cúspide del grito,
encadenemos para siempre nuestros sueños
con mis manos y con tu cuerpo pequeñito.

SOLO UN PASO

Amor, de tu vientre a la locura, hay solo un paso.
Andando perdido en las arcillas de tu cuerpo,
voy ansioso, cual un barco en busca de su puerto,
hasta encontrar la calidez, ah, de tu regazo.

En tus tiernos labios sorbo del amor las mieles,
en ellos muerdo tu pasión y ahogo mi suspiro.
Voy buscando en tus brazos abiertos el camino
que me lleve arrastrando mi voz hasta tus sienes.

Ámame, mujer, ¡Diosa bendita arrodillada!
y que jueguen con tus cabellos sueltos mis dedos.
Envuélveme en el fuego ardiente de tu mirada
hasta volvernos uno, por amor, ya sin miedos.

Yo me vuelvo pequeñito y frágil en tus manos,
sucumbo indefenso entre las brazas de tus labios.

Nada turba ni corrompe nuestra pasión loca,
pues cuando en completo abandono cierro los ojos,
estremecido por tus besos, una por una,
busco las estrellas en el cielo de tu boca.

Amor, de tu boca a la locura, hay solo un paso.
Sucumbo indefenso entre las brazas de tus labios.
...Cual un ciego, persigo la luz en tus pupilas.

NO CULPES

Me gusta aspirar el olor de amaneceres en tu piel morena,
buscar en tus ojos la sombra de la noche que se fue
y dibujar madrugadas en tu pelo.

No culpes por quererte a mis sentidos,
culpa si quieres a este loco corazón que ama
el fuego de tu mirada bailando al compás
de rayos de sol, de jadeos, de suspiros y de gritos.

Eres inquieta como las hojas
y a veces, mansa como un vuelo.
Enredado en tus pestañas, no tengo salvación,
y sello tus labios con un beso susurrante
hasta que en un solo suspiro nos perdemos los dos.

Te esperaba

En este amor hemos crecido juntos.
Se han vuelto inseparables nuestros sueños.
Como las flores y el rocío juntos amanecemos
y como el rocío y las flores juntos también anochecemos.

Yo no te busqué y sin embargo te esperaba,
te esperaba en mis noches pobladas de insomnio,
en mis madrugadas cundidas de bostezos
y en mis atardeceres cobijados de nostalgia.

Tú tampoco me buscaste, presentías mi llegada.
Quizás hayan sido los largos silencios de tus noches,
los resplandores fríos de inquietos amaneceres,
o los crepúsculos deslizándose en tus ojos.

Tú y yo, yo y tú, nosotros, nos volvimos uno solo.
Juntos erradicamos los atardeceres silenciosos,
convertimos en suspiros los bostezos
y desterramos con alegrías las nostalgias.

Ahora cabes completita aquí en mis brazos
y yo tiemblo en tu piel como el rocío sobre las flores.

DESPACIO

Me quedaré prendido de tus labios
como esa palabra
que por miedo
con voz trémula apenas se susurra.

Y en el recinto musical de tu pecho
seré el suspiro que se libera casi en silencio.

Envuélveme ahora despacio
y sin prisa
en el tórrido torbellino
de tus caderas blancas como nubes
y duras como piedras
que agitando arrastra la corriente.

Pues mañana tal vez sólo quede
cual huellas de pájaros
el recuerdo de mis besos
sobre tus interminables párpados cerrados.

Te quiero ahora aquí conmigo
y que el fuego ardiente

de la lava incandescente
que circula por tus venas
se desborde en mis manos.

Me quedaré insistente en tu recuerdo
y buscarás mi aliento cuando te falte el aire
y escucharás un lejano vuelo de pájaros
mas mi nombre
no pasará de ser un pensamiento,
porque en un sollozo
se quedará ahogado como esta tarde
en tu garganta.

¡NO CALLES!

En la cascada intensa de tu risa
yo me sacudo todas las congojas
que flotando como livianas hojas
huyen de mí y vuelan en la brisa.

La dicha que traes a mi vida es tanta...
Por eso, mujer, que Dios te bendiga
y, no calles aunque yo te lo diga,
quiero tu risa, el trino en tu garganta
para que llene alegre mi silencio.

Escuchándote, amor, soy tan dichoso,
reteniendo tu rostro entre mis manos.
Sé que mis anhelos ya no son vanos
cuando en tus labios bebo el delicioso
cáliz tan perfumado de tus besos.

Que no haya silencio en tu dulce boca,
no pares de reírte, no detengas
la cascada, amor, de tu risa loca.

EN TU PIEL
El an
cielo de tu cuerpo claro
surcado por mis manos
bio cuerpo amparo
pétalos temprano
luz,
piel la dulce fra
nuevo y de las fruta
del pole
en tus labios
Que deli
vida y de la infa
aromas

En tu piel

El ancho cielo de tu cuerpo claro
de súbito surcado por mis manos
busca bajo mi tibio cuerpo amparo
como imitando pétalos tempranos
que buscan luz, y música en el viento.

Persigo en tu piel la dulce fragancia
del polen nuevo y de las frutas frescas.
Que delicias en tus labios me ofrezcas,
aromas de la vida y de la infancia
y sucumbir en las olas de tu cuerpo.

Eres infinita. Fruto maduro,
mi mujer dulce de noches candentes
mi corazón sabe cómo es que sientes,
y embestimos altivos el futuro
y de pronto tu pecho es mi destino.

Esculpirte quiero en el lienzo de una cama,
ancha como el mar, infinita como el cielo,
y enloquecer con tus orejas y tu pelo
y escuchar tu corazón diciendo que me ama
cuando huya la luz en tus párpados cerrados.

ASÍ NOMÁS

Te quiero así nomás. Sólo por quererte
porque cuando pasas bella y desnuda
frente a mí el alma se me queda muda,
se alocan mis manos por retenerte
y se desata un huracán en mi alma.

Me arrastras en violento torbellino:
tus hombros, tus suaves muslos candentes,
tu piel infinita como un camino
y mi materia viva entre tus dientes.
Eres el grito, la vida... y la muerte.

Te quiero así nomás. Por ser mujer.
Porque en mis manos suaves te deshojas
y hacen fiesta tus labios en mi piel
cual llamaradas de fragancias rojas
que alzan el vuelo con nuestros suspiros,
vertiendo en mis labios toda su miel.

Te quiero así nomás, fragante rosa
de pétalos mecidos por el viento
porque eres fugaz como un pensamiento
y tan cierta en mi noche más hermosa.

Pecado

Cual locos pájaros en el ocaso,
por la atmósfera tibia de tu cuerpo
mis manos vuelan, buscan tu regazo,
la rosa encendida de la ternura,
hasta que estrepitosas se detienen
en el suspiro tierno de tu boca.

Ya no sé si condenarte al espacio
de mi pasión y de mis toscas manos,
a la lascivia de mis rudos labios,
a mis impúdicas miradas, vanos
intentos de asimilar esa imagen
de tu cuerpo esculpido por los dioses.

Y qué importa si entregada a los goces
del amor te vuelves terrenal en esta noche
y lloras por los delicados roces
de mis labios que arden sobre tu cuerpo,
y te dejas sacudir por el llanto;
y en el grito y el jadeo haces derroche
con tus frutos blandos y con mis dientes.

Soy un pecador, y tú el pecado eres.
No te culpo, bendigo a las mujeres
por ser del amor la esencia divina,
porque nos hacen ser como los dioses
en la galaxia tan luminosa de sus cuerpos.

El vuelo de mis manos lo refrena
tu cuerpo ya saciado y satisfecho,
un solo pensamiento, un solo pecho
y mi alma de tu tibio aliento, ¡llena!

Fusión

Contemplo la miel dilatada en tus pupilas
y una danza de matices intensos
surge de tu mirada, qué tranquilas
son las horas en tus ojos inmensos
cuando ya están unidas nuestras almas
y en un solo beso largo arden nuestras bocas.

No hacen falta las palabras profundas,
el verbo se conjuga silencioso,
en tu cuello tan tibio y delicioso,
en tus caderas lisas, iracundas.
¡Cuánta ternura encierras en tus brazos!

Mujer, en tus párpados tú retienes
de mis días fugaces toda la luz.
Y tu vientre ardiente, cual manantial,
ahoga mi grito cuando detienes
en tus manos el ritmo de arrebatos
y eternizas dulce el instante lindo
de un suspiro profundo y titubeante.

Pero en esa mirada satisfecha,

de tus grandes ojos enternecidos,
ah, juntamos con una sola flecha
nuestros dos corazones encendidos.
Consumamos el acto más sublime.
¡Somos la fusión de dos pensamientos!

Tu voz

Es tan dulce el tono de tu voz
que enloquezco de alegría escuchando tus palabras.
Absorto mi pensamiento alza el vuelo, suspendido
por la música de cada sílaba pronunciada por tus labios.
Y por cada suspiro de tu boca
un enjambre de latidos en mi corazón
me pide a gritos que te nombre,
que te nombre en el silencio de mis noches.

¡Oh, sinfonía de ternura!
Voz angelical expandida por el viento
que en esta primavera llegas
a susurrar con trinos y encanto a mis oídos.
Arpegio celestial son tus palabras,
¡voz de mujer que triza mi silencio!

No calles. Embrújame con tu canto de sirena,
con la femenina gracia de tu acento
que al pronunciar mi nombre me estremece todo.

¡Habla, mujer, habla!
Que tus lindas palabras

inunden para siempre mi memoria,
que me eleven en dulce éxtasis
y a través de tu voz poder alcanzar la gloria.

Noche profunda

Enloquezco con tus hombros desnudos,
con la magia de tu sonrisa cierta,
y con tus labios, por mis besos mudos;
con tu boca en un suspiro entreabierta.

Deja que se una con el mío tu aliento,
extiende para mí tus tibias alas,
envuélveme en el suspiro que exhalas
al saciar yo tu corazón sediento.

Profunda es la noche, llena de trinos,
entrelazadas danzan nuestras almas
y persigo en tu cuerpo los caminos
como el viento fugaz entre las palmas.

Enloquezco más con tus tersos flancos,
con tu piel suave, dulce y perfumada,
y con la avidez de tus muslos blancos;
con toda tu ternura derramada
sobre la ancha piel de mi pecho ardiente.

En un grito susurrante y agudo

dame ya la pasión de los abrazos,
el camino florido de tus brazos
y el sollozo de amor que ya no pudo
continuar callado en tu amante pecho.

En silencio

Debo amarte en silencio y muy despacio,
apresar en tus labios el suspiro,
absorber el aroma que respiro,
y perderme en tus ojos de topacio.

Abrasante es este amor clandestino.
Este tórrido romance es prohibido,
mas tu pecho se transforma en mi nido,
y encuentro sobre tu piel el camino
de donde huyen los puntos cardinales.

¡Qué importa si sólo dura un instante
el huracán febril sobre tu cuerpo!
Es fluir de pétalos y lava ardiente.
Si estamos juntos ya no existe el tiempo.
Muerdo en tu boca dulce, delirante,
los tiernos labios, ¡frutos terrenales!

Causa de tus silencios prolongados
es este amor sutil que compartimos,
es fugaz, es eterno, y lo vivimos,
aunque por amor seamos condenados.

Él comparte contigo el tibio lecho,
y tu cuerpo lo posee sin ternura,
y no besa tu boca con dulzura,
sus jadeos caen cual piedras en tu pecho.

Tal vez pensarán que somos infieles,
que no es cierto este amor que nos enciende.
Que eres ajena, el corazón lo entiende,
y sorbo de tu suave piel las mieles
del amor y del mismo amor las sales.
No existe nadie cuando estamos juntos.
Somos únicos en nuestro universo,
ah, nuestro suspiro es un solo verso,
nuestros cuerpos dos luminosos puntos
que en la oscuridad se unen para siempre.

Envuélvete en la magia delirante
de mi loca pasión interminable,
hagamos el encuentro perdurable,
recuerda, mujer, que yo soy tu amante
y que cuando callas piensas en mí.

Me gusta estar contigo aunque te lleve
prisionera el silencio de mis noches...
En este dulce encuentro no hay reproches,
sólo caricias, y es que nada falta

y nada sobra en este breve espacio
cuando tú estás conmigo. Es que eres alta,
interminable y al mismo tiempo breve
al fundirse las almas muy despacio.

EN MIS MANOS

Sobre el cielo de tu piel interminable,
cual una nube de mariposas
mis dedos se delizan por tu cuerpo
hasta posarse sobre pétalos y rosas.

En nuestros alientos que se encuentran,
en nuestros labios que se buscan,
en el suspiro que se escapa y huye de tu boca
se conjugan todos los tiempos
hasta volverse apenas un instante.

Tu cuerpo trémulo en mis brazos,
tu tibieza de crepúsculos en verano,
tus ojos encerrando la luz y las estrellas,
tus venas como un río arrastrando ilusiones
y yo, sosteniendo el universo en mis manos.

De pronto, todo es un súbito batir de alas
y juntos, amor, hemos alcanzado el cielo.

LUMINOSA

Mujer luminosa
y transparente como un sol,
haré de tu cuerpo un altar;
de tu alma haré un Dios
para adorarla hasta encontrar
la salvación en la gloria abierta de tus brazos.

Soy el explorador solitario y taciturno
que se encontró de golpe con la luz
de tus encantadores ojos saltarines
y el fruto ardiente y delicioso de tu boca.

Sediento de amor busco el rocío en tu cintura,
la fragancia de canela y de lavanda en tu piel de nácar
o persigo suspiros sobre tu cuerpo tibio
y deshojo enternecido orquídeas en tu vientre.

Mujer luminosa
y transparente como un sol.
Déjame pecar en tus pupilas dilatadas,
en tus labios dulces y encendidos.

DESTELLOS INFANTILES

De tus labios brota el beso más divino.
Yo sorprendo en tus ojos destellos infantiles,
las inquietudes de tus jóvenes abriles;
contemplo, niña, tus silencios
y de pronto salta repentina la ilusión en tu mirada.

Transformas mi otoño en primavera florida
con tus labios, imágica explosión de frescura!
En un desborde de pasión y de locura
hago de tu pecho mi nido y mi guarida
y jugueteas tierna con mis cabellos canos
y yo, beso con locura tus labios y tus manos.

No buscamos este amor, el destino lo dispuso
y juntó nuestras almas y nuestros sueños,
mi boca y tus labios dulces y pequeños,
hasta convertirme sin piedad en un iluso
que embelesado sorprende amaneceres,
mágicas y coloridas auroras en tus ojos.

Este amor no conoce de tiempo ni distancia,
hay que vivirlo aunque sea breve como un istante;

juntemos en un grito tu juventud y mi experiencia
y hagamos, amor, que brille en tus ojos para siempre
la ternura y la caricia de este otoño que hiciste primavera.

EN MI PECHO

Como la espuma que viaja sobre las olas
fuiste creciendo aquí en mi pecho,
blanca y efímera y viajera;
entre revoloteos y danzas acompasadas.

Hundidos en el furor del encuentro repentino
sorprendimos tantas madrugadas
y la luz de noches blancas,
persiguiendo resplandores y suspiros.

De pronto, mujer,
fluyes en la pulpa misma de mi sangre,
viajas como ráfaga de viento tibio sobre mi piel
y mis dedos, apenas rozan tus labios.

Sorbo las delicias de tu juventud febril,
bello capullo a punto de florecer,
temblando en mis brazos,
como las flores que nacen en abril.

Aferrada a mi piel te quedas ahora
como la luz de matices inquietos
que huye hacia mis pupilas encendidas.

Geometría del deseo

Las esferas luminos[illegible] e tus oj[illegible] nes
juguetean [illegible] l oscuro [illegible] y miedo
hay en ellos una mezcla de compl[illegible] de tu alma.
y de tus [illegible] los pe[illegible]
sugieren las estrellas en el firm[illegible]
el vino en tus [illegible] boca suave
lo que p[illegible] ses en [illegible] sangre
descifro la intensa marea que es tu [illegible] en tus
y bebo a sorbos el aguamiel que [illegible]

Geometría del deseo

Las esferas luminosas de tus ojos dormilones
juguetean con el claroscuro de la luna,
hay en ellos una mezcla de complicidad y miedo
y de tus pupilas, círculos perfectos,
surgen las estrellas en el firmamento de tu alma.

Adivino en tus silencios repentinos
lo que piensas y con un beso en tu boca suave
descifro la intensa marea que es tu sangre
y bebo a sorbos el aguamiel que hay en tus labios.

Eres tan exacta, galaxia de piel y poros efervescentes.
Adoro la simetría de tus pechos altivos,
el declive tibio de tu vientre
y tu rostro perlado de sudor.
Adoro tus perpendiculares muslos como brasas
y la rosa viva de tu sexo humedecido
en hambrienta sonrisa vertical,
cómplice y testigo de los más intensos suspiros.

Contemplando tu forma he visto amaneceres,
recorriendo tus contornos he perseguido la luz,

y descifrando tu espacio vacío de vasija divina
comprendí que a tu cuerpo aferrada y oculta
se encuentra completita la geometría del deseo.

CUANDO CAIGA LA NOCHE

Segunda parte: Desamor

El amor es el principio de todas las cosas,
la razón de todo y el fin de todo.

Lacordaire

SOBRE TU SILENCIO

Acerca a mis labios tus oídos y te platico
de largas, frías e interminables madrugadas,
de mis horas tan tristes de soledad pobladas,
ay, del profundo dolor que me dejó su ausencia;
acerca a mis labios tus oídos, ¡te lo suplico!

Deja que caigan primero sobre tu silencio
el recuerdo amargo de aquellos besos ardientes,
ah, las miradas de sus ojos condescendientes
y la dulzura enloquecedora de su boca;
el ritmo de caderas que ya no reverencio.

Después, arrúllate en mis brazos y la olvido.
Te diré al oído palabras dulces que suenen
a batir de alas, a brisa suave entre las hojas,
a suspiros enternecidos que tu alma llenen
de este amor efervescente de mi pecho henchido.

Solo tus besos bastan para romper cadenas,
solo tu boca para entibiarme con su aliento
de frutas, de canela mecida por el viento.
Si me besas, dulce mujer, ya no habrán más penas

ni madrugadas tristes que me aten al pasado,
en cambio, mi pecho aferrado a tu cuerpo tibio
habrá encontrado la causa del equilibrio.

Acerca a mis labios tus oídos, escucha el canto
armonioso de los más bellos amaneceres,
los trinos tan alegres de los atardeceres.
Atrás quedaron la cruel tristeza y el quebranto.
Tanta alegría hay en tus brazos infinitos,
y en tu risa de niña pura la dicha es tanta,
que si abres tus tiernos labios, un sol se levanta
para colmar de luz, ah, tus ojos tan bonitos.

Llena con tus gestos, tu risa y tu presencia
el enorme vacío que ella dejó en mi pecho,
y devuélvele ya la razón a mi existencia
con la tibieza de tu cuerpo en mi frío lecho.

ME QUEDA

Me queda de tu piel el tacto delicado,
aquel intenso aroma de viñas en cierne,
para siempre en mis tersas manos impregnado;
o la luz de este crepúsculo que se pierde
lento en tus llorosas pupilas dilatadas.

¡Ah, noches plagadas de encuentros amorosos,
en que nuestros cuerpos ardieron como lumbre!
Tus labios posándose en los míos, ardorosos,
cuando alcanzábamos con un grito la cumbre
de las pasiones más intensas y febriles.

Mujer, si tú te vas, ya no habrán más abriles
cundidos de cantos y pétalos abiertos.
Que noches eternas y de minutos inciertos
sé que caerán sobre nosotros hoy que partes.
¡Qué lunas de luz pálida y rayos pueriles!
¡Tan oscuro es este olvido al que me condenas!

VUELOS

En los brazos abiertos de una mujer
perdí la cordura
y me hundí en la locura
extraviado en el cáliz de su boca.

Ante su mirada picarezca
entorpecieron mis sentidos
y hubo vuelos y hubo nidos,
aromas de mar y sabor de fruta fresca.

QUE NO TE IMPORTE

No debo condenarte a este mundo de tristeza,
a la tosca cadena implacable de mis brazos;
cuando tu alma, mujer, por otro amor se embelesa
y otro hombre ocupa tus pensamientos y tus pasos.

Se volvió de pronto un sueño largo y asfixiante
el abrazo que arrancó suspiros de tu boca,
no hay ya pasión cuando mi mano trémula toca,
sin encender más el fuego, tu cuerpo de amante.

Que no te importe el dolor de este sangrante pecho.
Pues si ya endulzaste tus labios con otras mieles,
y vibró tu cuerpo tibio al tacto de otras pieles,
no condenes en nombre del amor lo que has hecho.

Vive con frenesí ese amor como en nuestros días.
Que sea intenso, dulce, total, y en la entrega pleno.
Que sea arrebatador, profundo y de besos lleno
y que colme tus noches de sueños y alegrías.

Que no te arrastre hacia mí esta profunda tristeza
ni el sufrimiento que me causa este desengaño,

ya no puede tu indiferencia causarme daño;
¡vete!, ¡vete! No llores. Levanta la cabeza,
déjame el recuerdo de un suspiro de tu pecho.

EL UNIVERSO DE SU CUERPO

Para nosotros bastó una sola mirada
y después fue la primavera...
Hubo frutos dulces, pájaros en vuelo,
suspiros mecidos por el viento.

Y es que en aquella florescencia
andaban de fiesta los colores;
besaba la brisa el polen en las flores,
libaba en los pétalos la escencia
del rocío apenas por el sol besado.

Yo me perdí en el universo de su cuerpo
de ternura dulcemente constelado,
en el brutal ritmo de sus blancos muslos
y en sus pechos de suspiros salpicados.

Ah, y es que yo buscaba en sus ojos de remanso
la luz ascendente de mis amaneceres,
no la terrenal fuente de los placeres
en que supo encadenarme sin descanso
hasta hacerme prisionero de su boca.

Así como la constante ola busca las orillas,
yo llené de estremecimientos su inocencia.
Y ella me miraba con ojos de demencia
ante aquel amor tan grande, y de rodillas,
se aferraba a mi cuerpo mientras yo soñaba
contemplando sus párpados cerrados.

Pero se fue, a pesar de las promesas incumplidas.
Y es que en el amor son lindas las mentiras
si al escucharlas sueñas, vuelas y suspiras,
y es infinito el tiempo en sus alas extendidas.

Y qué importa que ella ya no esté conmigo
si en esta noche de sombras la evoco
y sollozante busco como un loco
olvidarla, sacarla de mi mente, mas no lo consigo;
y en mi pecho hay sollozos que revientan como olas.

CIELO INVERNAL

Contemplando este cielo de invierno
me llega de golpe tu recuerdo.
Y el revoloteo de tu nombre en mi pecho
y la fragancia a tierra mojada de tu cuerpo
y el vuelo de tus manos en mis rostro
me hacen adivinarte en la lluvia que cae.

Es que en tardes lluviosas como esta
yo tejía sueños en tu piel
y adivinaba suspiros en tus grandes ojos,
mordiendo ilusiones en tu boca temblorosa.

Contemplando este cielo de invierno,
la busco con un beso que tiene alas
y persigo la mirada de una mujer
que se transforma en luz sobre el agua.

En vano

En vano tratarás de borrar de tus mejillas
la huella de tu llanto inconsolable,
pretenderás ahogarlo en tus interminables pupilas
y retendrás ansiosa el sollozo que huye de tu boca.

Mas serán en vano todos tus esfuerzos,
la forma de mi cuerpo en tus tersas manos
se quedó para siempre esculpida,
la silueta de mis rostro se refugia en tus ojos
y mis besos se quedaron prisioneros en tus labios.

Dirás quizás que ya no existo
y buscarás ávida en otro aliento lo dulce de mis besos
y en otros dedos el fuego ardiente de mi pasión,
mas dirás que ya no existo,
que formo parte del pasado,
que me condenaste al olvido inclemente
y sin embargo,
serán mis labios posándose sobre tus párpados cerrados
que te harán sentirme de nuevo
enredado como un sueño en tus pestañas.

No borres el llanto de tus mejillas
ni sacudas contra el viento ese sollozo,
pues aunque ya no lo soportes,
el recuerdo de mis manos sobre tu piel
te recorrerá completa en tu noche más fría,
y de tus labios susurrantes
mis ardientes labios te robarán el sueño.

MANTO GRIS

Amor, siento una gran tristeza hoy que llega
a cubrirnos con su manto gris la rutina.
Llega sigilosa, constante y repentina,
quizás nos faltó fuego a la hora de la entrega.

El retozo se volvió de pronto un bostezo,
un ciego gesto de abulia en una ancha cama.
No hay fuego en la caricia, ni ardor en el beso
y en mis largas noches mi voz ya no te llama.

Tal vez no se acabó el amor, pero sí el fuego.
No sé si este adiós te cause dolor o alivio.
¡Se transformó en escarcha tu cuerpo tibio
y permaneciste indiferente a mi ruego!

Una honda tristeza el corazón hoy me embarga
pues se interpuso entre nosotros la distancia,
no aspiraré de tu suave piel la fragancia
y mi noche se volverá oscura y larga.

Pero, mujer, no es la culpa tuya ni mía,
en nuestra historia no debe haber más culpables.

Nos faltó pasión, quizás noches perdurables,
nos arrastró en su cauce la monotonía.

Culpa si quieres a los años transcurridos
que crueles desgastaron nuestra pasión loca,
ah, convirtiendo en hielo el fuego de tu boca,
dejando sombra en tus ojos encendidos.

Debo partir no sin antes despedirme
de tus suaves manos blancas, de tu risa,
y de tu boca que supo seducirme
recorriendo mi piel sin miedo, sin prisa
en la fusión mágica de nuestros cuerpos.

Un suspiro

Un suspiro fuiste en mi noche oscura,
no pudo mi alma retener tu vuelo,
musgo alado, ánfora de ternura,
eras breve cual nube que en el cielo
ay, se evapora al tacto de mis dedos.

La magia de tu nombre hoy se esfuma
cual copos de humo que en espirales
desaparecen. ¡Oh!, y más me abruma
saber que hay aromas primaverales
en todo tu cuerpo y ternura en tu alma.

Un suspiro

Un suspiro fuiste en mi noche oscura,
no pudo mi alma retener tu vuelo,
musgo alado, ánfora de ternura,
eras breve cual nube que en el cielo
ay, se evapora al tacto de mis dedos.

La magia de tu nombre hoy se esfuma
cual copos de humo que en espirales
desaparecen. ¡Oh!, y más me abruma
saber que hay aromas primaverales
en todo tu cuerpo y ternura en tu alma.

Como un sueño tu presencia fue breve.
Eras pasajera como la espuma.
Te devuelvo al olvido. Que te lleve
lejos de mí, que la noche en su bruma
me envuelva, al saber que ya te he perdido.

Que ya no escucharé absorto la risa
de tu boca, ni el sonido trinante
de tu voz. Que cual hoja que la brisa
arrastra en su obsesión delirante

al olvido, mujer, hoy te devuelvo.

Aunque al dejarte mi alma más me duela
y renuncie yo al canto de tu voz
te amo porque eres de mi barca vela
porque llena eres de magia y encanto
y con un beso hoy te digo adiós.

ESTA MAÑANA

Cuando vuelvas a mi lado
este manto de silencio que cubre mi existencia
y esta soledad profunda de mis noches
quedarán condenados al olvido.

Te tomaré entre mis brazos
y esculpiré con mis manos tu sombra
hasta llenar el espacio que dejaste vacío.

Sorberé de tus labios dulces
las mieles virginales del amor
y me perderé en el candor
de tus grandes ojos grises.

Y es que sabe a ti
esta mañana salpicada de luz y de rocío,
y en la brisa fresca
adivino la tibieza de tu aliento.

SE DESPRENDEN

Del silencio se desprenden
recuerdos que lastiman,
y los minutos no se deciden
a morir, a sucumbir
sin tu presencia.

Así voy

Y así voy,
tambalenate
entre la sombra
de días que se pierden
como cenizas
de alegrías repentinamente
sepultadas.

El tiempo con todos sus minutos,
sus horas y sus días
es pesado y doloroso.
No hay olvido, no quiere
llegar a triturar los recuerdos
con sus grandes colmillos
que lastiman.

La noche azul es infinita
como una fría hoguera apagada
y tus brazos,
ah, tus brazos,
ya rodean otro cuerpo
y tu aliento a otros labios entibiece.

Pero yo voy así,
de la noche a la mañana,
solitario y con el insomnio rumbo al olvido.

¡CÓMO ME DUELES!

¡Grande es este silencio!
Interminable la noche que se estira,
sombra de tristezas y abrazos perdidos.
Me falta la música de tu voz, la magia de tu risa.

Siempre supe que no eras mía,
que la mujer es sólo un universo de sueños
que lo llena todo con su presencia
y sacude el polvo del tiempo que se nos quedó en las manos.

Pero me faltan hoy tu humedad primitiva,
la pasión del ritmo, y el aroma de tu cuerpo,
el profundo precipicio estrellado como un cielo
donde se perdieron mis suspiros.

Cómo me dueles ahora...
quisiera sacarte de esta jaula que es mi pecho
para ir formándote poco a poco con mis manos
hasta que seas la misma, y decirte al oído, sollozante,
no te vayas, no te vayas, mujer,
que la noche sin tu calor es eterna, interminable.

NOSTALGIA

Es un arrebato
de sentimientos encontrados
esta madrugada
que se desliza hacia el amanecer.

Hay rastros de nostalgia
y escalofríos de melancolía
arremolinados en mis manos.

¡Cuánto silencio
hay en esta eternidad
que es tu ausencia!

Uno solo

Ella no era mía.
Yo tampoco fui de ella.
Simplemente nos volvimos uno solo
al juntarse nuestras miradas.

RENUNCIO

Te lo dije a gritos.
Mas no escuchaste
la sensación de olvido
que hoy me invade el corazón.

Con tu indiferencia
lograste mutilarle
las alas a mi alma.

Ya no habrán noches interminables
ni sueños por alcanzar.
Sólo nostalgia
de días que se fueron
de abrazos inconclusos
y de besos sin florecer.

Es que en el sonido de un beso
se conjugaban amaneceres,
los torpes latidos
de un corazón que sólo sabía amar.

Hoy, sin quererlo,

como un animal solitario
renuncio a las migajas,
a los despojos.
Ya no necesito nada.
Prefiero morir.

LAMENTO

¡Ay, amor, como me duele este lamento!
En mi pecho siguen hechos nudo los sollozos
y en mis ojos tan cansados, tristes y llorosos
hay presagios de dolor y de tormento.

Vete así, que no haya entre nosotros un reproche
que opaque lo que juntos hemos vivido.
Detén el llanto de tus ojos, yo te lo pido,
abrazándome a tu cuerpo en esta noche
porque perdemos toda una vida en un momento.

Dejemos las palabras para otro tiempo, ¡calla!
Sacudido por el llanto, amor, yo te lo imploro,
y que tus labios dulces me besen mientras lloro
tristemente por este adiós que a mi alma hoy desmaya.

Hoy condenamos al olvido este amor sublime
que nos dio bellos, lindos amaneceres,
llenos de miradas, llenos de placeres.
Siento cómo este inmenso dolor mi pecho oprime
al contemplar por última vez tu cuerpo terso
y al tatuar yo tu piel con mis labios y mi verso

hasta que te escapas de mis manos como un sueño.

Y qué importa si después me besa la locura
al descubrir que solo tu aroma queda
y que en mis manos tu tibieza se enreda
mientras detengo el tiempo en tu cintura.
¡Vete, amor, vete! Ah, ya no quiero retenerte.

AUNQUE ME HIERA

Cae sobre nosotros la noche con su filo
de oscuros remolinos que llenan de olvido
y de añoranzas de ayer mi pecho intranquilo.
Pues ya no estás conmigo. Queda lo vivido,
péndulo a punto de romperse por el llanto,
grito que se ahoga, una mueca de alarido,
mezcla de lastimero sollozo y de canto.

Cómo extraño tu piel tibia de terciopelo,
tu aliento fresco perfumado de alborada,
tus manos, tus pasos, tus labios, tu mirada,
faltan hoy tus trapos regados por el suelo
y tu voz, tu dulce voz, mujer, que amo tanto;
tus cabellos sobre mi rostro como un manto.

Aunque me hiera la oscura noche con su filo
y huyan de mis ojos por el llanto velados
tu cuerpo de mujer, tus labios perfumados,
tu suavidad inigualable de pistilo,
o la locura de tu risa incontrolable;
yo como loco te adivino entre las sombras
y como un loco también te grito que te amo.

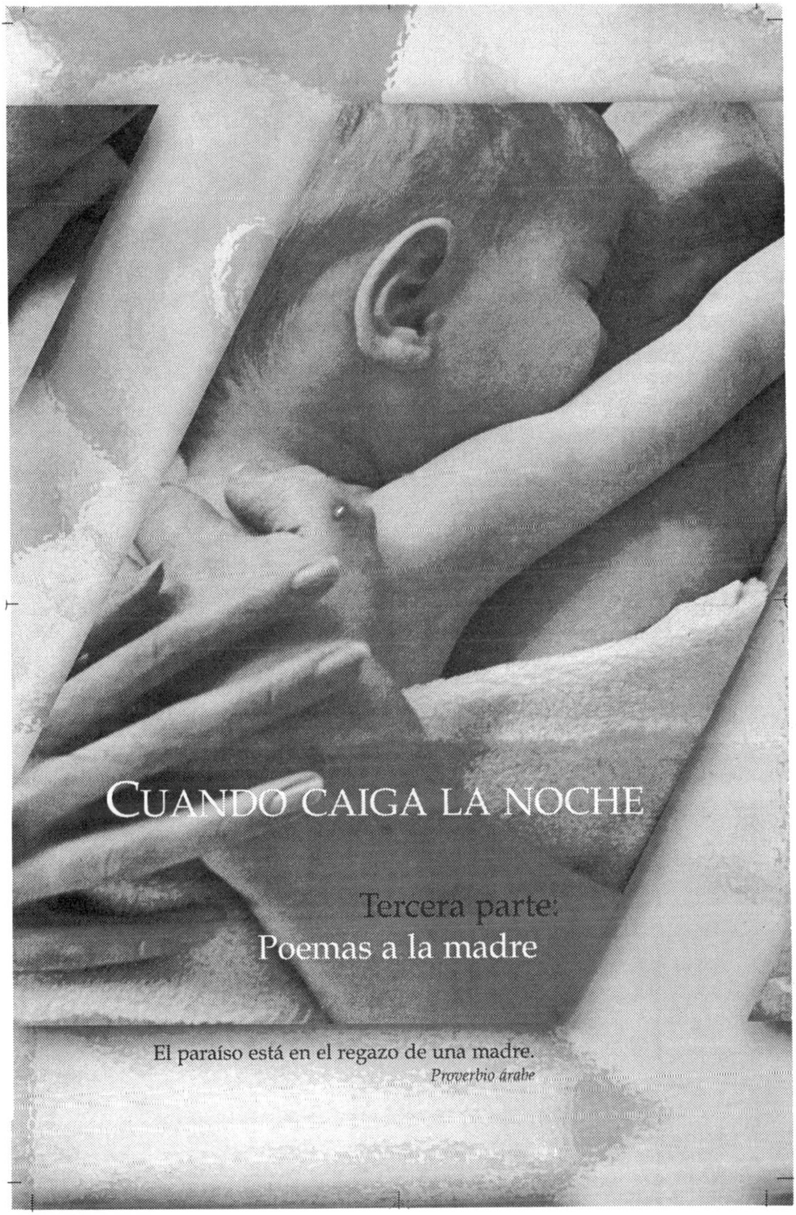

Cuando caiga la noche

Tercera parte: Poemas a la madre

El paraíso está en el regazo de una madre.

Proverbio árabe

Mi madre

Hablarles de amor en esta ocasión quiero,
de un amor incondicional e infinito,
del amor de madre, amor puro y sincero,
amor... amor que sentí desde chiquito.

Mi madre, la manifestación más pura
del cariño y forjadora de destinos,
anduvo alegre conmigo los caminos
y derramó en mi alma toda su ternura.

Es mujer de cálidas y tersas manos,
en sus ojos de mirada interminable
guarda todo de mi infancia memorable
y mis sueños vespertinos tan livianos.

Toda ella es un gesto lindo de alegría,
ah, viva réplica terrenal deDios;
su dulce corazón dividido en dos,
en tres, cuatro... ¡y es uno solo todavía!

¡Madre!, a ti que me diste el primer aliento,
el primer latido, y oíste el primer grito

de mi boca; y contemplaste al pequeñito
que despertaba en tu alma aquél sentimiento
que te convierte en infinita ternura;
en un ángel para Dios... y con Él, una;
quiero hoy decirte que te amo con dulzura.
Que fueron los días más bellos en la cuna
cuando me arrullaban tus manos, tu voz.

Que no te importe mi edad ni mi estatura,
quiero estrechar tu figura menudita,
¡madre, mujer dulce, grandiosa y bendita!
Para mí eres la manifestación más pura
del más luminoso amor aquí en la tierra.

Si la luz de tus ojos un día se trunca
y se marchita el Sol vivo de tu pecho,
yo te he de abrazar en el último lecho
y juraré no olvidarte ¡nunca!, ¡nunca!

Madre soltera

Que nadie te reproche ni con el pensamiento siquiera...
Tú no lo elegiste, fue el amor que en el camino
le hizo trampa a tu corazón de ensueño
y aunque lloraste, no culpaste al hombre ni al destino;
y en tus brazos con amor cobijaste aquel pequeño
que llegaba a convertirte, ¡ay mamá!, en madre soltera.

Y con tus manos suaves, santas y hermosas
alegre me brindaste la caricia y el sustento.
Y en el arrullo vespertino, tu tibio aliento
susurró a mi oído melodías armoniosas,
y tus labios dulces, al cantar simulaban mariposas.

¡Ah, madre padre, padre madre!
Cuántas veces en tus ojos he visto destellos
de un pasado incierto y solitario,
cuántas veces he sorprendido en tus labios rojos
el nombre que casi se te escapa,
y tu corazón, cual un campanario
se agita enloquecido en tu pecho por un ayer que se escapó.

Siempre estás ahí, mamá,

andas conmigo dondequiera, siempre dispuesta.
Eres como un río de agua interminable
que mece pétalos y repite ecos de músicas celestiales.
Que nadie te señale ni te juzgue,
porque tú no eres una cualquiera.
Eres más que una mujer
porque supiste hacerme un hijo honorable,
eres más que un hombre
porque me defendiste de los males que me acecharon,
y lo hiciste con más valentía y coraje que cualquier hombre.

La dualidad de Dios, en ti, madre, vino a encarnarse,
tu tristeza aunque era grande,
no pudo ser más grande que tu alegría.
Para vivir y luchar te bastó con mi dimuta presencia,
para llenar tu silencio te bastó el llanto
de aquel niño que en tus brazos con los años
conocería al mismo Dios habitando allí en tu pecho.

El amor de una madre soltera con ninguno puede compararse,
amorosa me cobija con sus brazos
y aguerrida con ellos también me defiende.
Cuando cierra sus ojitos llenos de ayer
parece abandonarse en los brazos que antaño
la hicieron sentir cual una rosa mecida por el viento.
¡Oh, madre padre, padre madre,

mujer más mujer que las mujeres!
¡Oh, madre padre, padre madre,
mujer más hombre que los hombres!
Tu amor interminable es como un fuego que se enciende
y hoy quiero decirte que te amo,
que en ti, mamá, yo le encontré ¡todo!

QUE LLENE MAYO

Perdonen mi voz trémula y quebrantada,
el sollozo en mi garganta reprimido...
Bien sabe Dios cuánto dolor he sufrido,
que quedó para siempre mi alma enlutada.

Mi madre, mi madre santa se fue al cielo.
Mas yo de mi corazón no abro la puerta,
para que no se vaya, pues no está muerta
mientras en mi pecho esté, y en mi desvelo.

Allá, cubierta de pétalos marchitos
una tumba fría su cuerpo inerte ampara.
Yo le imploré a Dios que no se la llevara,
que no se cerraran nunca sus ojitos.

Y sucedió tristemente un día de mayo
cuando los capullos en lindas corolas
se transforman todos. A veces, a solas,
llorando la llamo hundido en mi desmayo;
y viene a verme mi madre, cariñosa...

Yo sé que viene, que en la lánguida fosa

no pudo encerrarse el amor, la ternura.
Beso su frente, sus manos, ¡y es hermosa!
porque el inmenso amor de madre perdura
todo más allá del tiempo y de la muerte.

Ah, fuiste madre de Dios el incensario,
fuente de ternura en mujer encarnada.
Te presiento, madre, en la nueva alborada,
que se va, se va triste como un suspiro
confundido en el llanto, en tu aniversario.

Que llene mayo de alegría los corazones
de aquellos que ven florecer la sonrisa
en los dulces labios de una madre, las risas
de los hijos que cundidas de emociones
hoy celebran contentos el día de las madres.

PRIMERA PARTE: AMOR

SEGUNDA PARTE: DESAMOR

TERCERA PARTE: POEMAS PARA LA MADRE

Otros títulos del autor

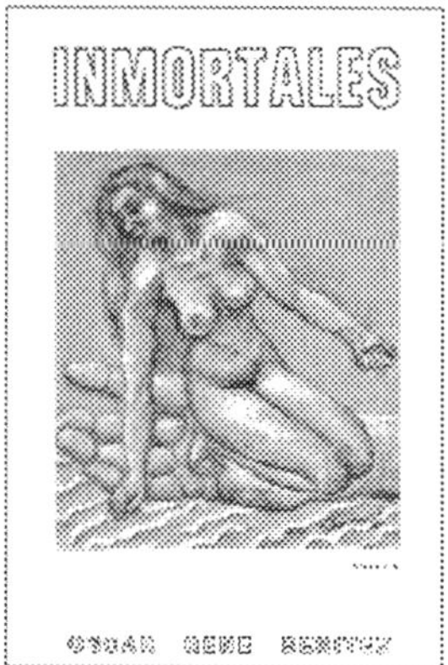